Vorwort

Ein straffer Körper. Kernige Gesundheit. Dauerhafte Fettverbrennung. Chronisch gute Laune. Pure Lebenskraft. Die Theorie der gesunden Ernährung ist die eine Seite. Die Umsetzung in die Praxis eine ganz andere! In meinem Hörbuch „Gesunde Ernährung – schnell und einfach gemacht" haben Sie die leicht verständlichen Grundlagen der gesunden, fettverbrennenden Ernährung kennen gelernt.

Die 16 schnell zubereiteten Rezepte in dem Begleitheft des Hörbuchs wurden nun in Zusammenarbeit mit Fitness-Starkoch Hajo Jäger um 31 Rezepte erweitert. Schnelle Zubereitungszeiten, lecker, dazu fettverbrennend und gesund. Genau das war die hohe Anforderung an die Ihnen nun vorliegenden 31 Rezepte. Diese Rezepte wurden bewusst für Koch-Newcomer gemacht. Damit das Essen Spaß macht, gesund und fettverbrennend ist.

Sind Sie öfter unterwegs? Dann sollte es schnell gehen: im Supermarkt um die Ecke einfache Zutaten besorgen, in 1 Minute zubereiten, essen, satt sein, Fett verbrennen! Sie finden die Snack-Tipps für unterwegs auf Seite 38/39.

Oder gehen Sie gerne in Restaurants essen? Der Restaurant-Guide auf Seite 40/41 unterstützt Ihr Ziel, gesund zu bleiben und Fett zu verbrennen!

Lassen Sie es sich richtig gut schmecken!

Herzlichst, Ihr

Patric Heizmann

Inhalt

Die Grundlage der Rezeptauswahl – Der Fettverbrennungstrick!

Wenn Sie das Hörbuch „Gesunde Ernährung" gehört haben, dann wissen Sie ganz genau, warum eine kohlenhydratreduzierte Kost so fettverbrennend und körperstraffend ist. Kurz zusammengefasst halten wir fest: Wenn viele Kohlenhydrate (das „Papier") konsumiert werden, dann verbrennt Ihr Organismus dieses „Papier" immer bevorzugt vor den aufgenommenen bzw. gespeicherten Fetten (die „Holzkohlebriketts").

Grundregel:
Für die Energiegewinnung verbrennen Kohlenhydrate (Papier) immer bevorzugt vor den Fetten (Briketts)!

Die Grundlage einer schlankmachenden, körperstraffenden und gesunden Ernährung ist somit denkbar einfach:

Verzichten Sie in der Mahlzeit vor und nach dem Training, sowie bei der letzten Mahlzeit vor dem Schlafen gehen auf „papierhaltige" Produkte. Denn Ihr Organismus braucht Brennstoff: beim Training für die Muskelarbeit, nachts für die Körperwärmeproduktion. Wenn wenig Papier zum Verbrennen bereit steht, muss er mehr Briketts verbrennen. Dauerhaft. Solange, bis wieder Papier nachgefüllt wird! Sorgen Sie mit weniger Kohlenhydraten für eine dauerhaft erhöhte Fettverbrennung!

Dafür werden Sie mehr hochwertiges Eiweiß, auch Protein genannt, aufnehmen. Proteine sind die Bausteine des Lebens. Mit herausragenden Vorteilen: sie sättigen, regenerieren fettverbrennende und energiebringende Muskeln, bauen ein ritterlich starkes Immunsystem und gute Laune machende Hormone, verdauungsfördernde Enzyme und stärken das Bindegewebe. Zudem brennt der Nährstoff Protein sehr schlecht. Somit müssen dann mehr Fette für die Energiegewinnung herangezogen werden.

Bei allen Rezepten wurde auf die reichhaltige Proteinlieferung großer Wert gelegt! Es ist DER Fettverbrenner und DAS Schönheitselixier unserer Ernährung.

Die Ernährungsstrategie: Einfach satt. Einfach fettverbrennend!

Um in den Genuss des Fettverbrennungstricks zu kommen, achten Sie bei der Auswahl der Rezepte bitte auf den Farbcode des jeweiligen Rezepts:

● BLAUER PUNKT:

Diese Rezepte liefern höchstens 20 % der Gesamtenergie in Form von Kohlenhydraten – für maximale Fettverbrennung. Diese Rezepte sind für die letzte Mahlzeit vor und nach dem Fettverbrennungstraining bzw. als **letzte Mahlzeit vor dem Schlafen gehen** bestens geeignet. Weil Sie dadurch „Papier" einsparen und dann erheblich mehr „Briketts" verbrennen! An den Tagen, an welchen Sie keinen Sport betreiben, sollten für die **letzten beiden Mahlzeiten vor dem Schlafen gehen** Rezepte mit einem blauen Punkt verwendet werden. Das gilt generell auch für Nichtsportler! Somit verlängern Sie die Fettverbrennung über die ganze Nacht!

● ROTER PUNKT:

Der Kohlenhydratanteil beträgt höchstens 40 % der Gesamtenergie. Genießen Sie 1–2 Mal täglich bei gutem Proteingehalt und vollem Geschmack! Bestenfalls vermeiden Sie **um das Fettverbrennungstraining herum bzw. als letzte Mahlzeit des Tages** Rezepte mit einem roten Punkt (Erklärung: siehe „blauer Punkt"). Selbst bei diesen Rezepten wurde Wert auf einen immer noch relativ geringen Kohlenhydratanteil gelegt.

● GELBER PUNKT:

Diese Rezepte sind weitestgehend mit laktosefreien bzw. austauschbaren Produkten angerichtet. So kann Milch mit Sojamilch bzw. laktosefreier Milch und der verwendete Proteinshake durch hochwertiges Sojaprotein getauscht werden. Wenn Sie keine ausgeprägte Intoleranz haben, so sind einige Rezepte mehr für Sie geeignet. Schauen Sie dann dort einmal nach.

● GRÜNER PUNKT:

Für Vegetarier: In diesen Rezepten finden Sie keine Fleisch- und Fischprodukte.

Essen Sie sich so richtig satt!

Nehmen Sie täglich mindestens vier Mahlzeiten zu sich. Davon **mindestens zweimal** ein Rezept mit einem blauen Punkt.

Wenn Sie nicht ausschließlich auf diese Rezepte zurückgreifen möchten, dann nehmen Sie als „Papierlieferant" nur Vollkornprodukte. Essen Sie diese aber **nicht vor und nach dem Fettverbrennungstraining** bzw. als **letzte Mahlzeit des Tages!** Neben Obst und Gemüse sollte immer ein Proteinlieferant wie Milchprodukte, Fleisch, Fisch, Eier, Hülsenfrüchte, Sojaprodukte oder Nüsse zu finden sein.

Wichtig: Hunger ist tabu! Denn er ist ein Alarmsignal aus der Urzeit: Wenn der Hunger kommt, reguliert der Organismus den Energieverbrauch herunter, um Brennstoff für knappe Zeiten zu sparen. Er knabbert dann gerne an Ihren Muskeln, macht daraus Brennstoff. **Und Ihre Muskeln sind der einzige Ort, wo Körperfett aktiv verbrannt wird!** Zudem wirken die Muskeln wie ein Bügeleisen von innen auf die Haut. Sie glätten bzw. formen die knackige Figur und spenden Lebenskraft.

Wenn der kleine Hunger zwischendurch kommt ...

Das Sättigungssignal. Schon beim leicht gedehnten Magen ist es da. Der ruft dann „Es reicht. Bin voll. Mir geht's gut!" Das Gehirn hört den Ruf des Magens und pfeift die Hungerhormone zurück. Angenehm satt. Bis der Magen wieder nach Essen ruft, wenn wenig drin ist, er zusammenfällt. Daher: kommt zwischendurch der Hunger, dann füllen Sie Ihren Magen – mit Wasser oder Tee.

Lust auf Süßes? Ein Trick: Roibuschtee oder Tee mit Vanillegeschmack. Ohne Zucker. Ohne Süßstoff. Und wenn es doch mal schokoladig sein soll ... einen leckeren Protein- oder Low Carb-Riegel (im Fitness-Studio oder im Onlineshop unter www.patricheizmann.de). Mit weniger Fett und Kohlenhydraten. Dafür mit hochwertigem, sattmachendem Protein und Vitaminen.

Auf die Plätze, fertig, los!

Schnelle Rezepte erfordern eine gute Vorbereitung
Dabei ist es wichtig, die richtigen Küchengeräte und Hilfsmittel zur Hand zu haben. Sie finden die jeweils benötigten Küchenutensilien immer zum jeweiligen Rezept. Besteck haben Sie bitte immer zur Hand. Suchen Sie zunächst alles zusammen und beginnen Sie dann erst mit dem Zubereiten, damit es dann schnell geht! Um alle Rezepte zuzubereiten, benötigen Sie folgende Utensilien:

 Kochtopf

 Mikrowelle

 Küchenmesser mit Schneidebrett

 Küchensieb

 Glasschüssel

 Küchenpapier

 Kleines Messer

 Schöpfkelle

 Holzlöffel

 Schneebesen

 Sparschäler

 Pfannenwender

 Dosenöffner

 Saftpresse

 Messbecher

 Auflaufform

 Küchenreibe

 Standmixer

 Pürierstab

 Handrührgerät

 Küchenwaage

 Aluschüssel

 Bratpfanne

 Nudelholz

 Backpinsel

 Backpapier

 Wasserkocher

 Teigschaber

Damit Sie immer gut versorgt sind
Folgende Produkte lassen sich auch über längere Zeit lagern und werden oft mehrfach in den nachfolgenden Rezepten verwendet:

Gewürze
Basilikum, Ingwer, Oregano, Paprika (rosenscharf und edelsüß), Cayennepfeffer, Pfeffer (weiß, schwarz und bunt), Jodsalz, Chilipulver, Currypulver, Koriander, Kreuzkümmel, Kurkuma, Muskat, Nelke, Zimt.

Essig und Öl
Apfel- oder Obstessig, Balsamico-Essig, Branntwein- oder Weißweinessig, Olivenöl, Rapsöl, Walnussöl.

Würze und Dressing
Gemüsebrühe, Salat-Dressing, Senf (mittelscharf und süß), Tomatenmark.

Getreideprodukte
Vollkorn-Knäckebrot, Weizenmehl Typ 1050 oder Weizenvollkornmehl, Couscous, zarte Haferflocken.

Nüsse, Kerne und Samen
Erdnüsse, Mandeln (gemahlen und Splitter), Soja- oder Pinienkerne, Sesamsamen oder Blaumohn.

Sonstiges
Backpulver, Flüssigsüßstoff, Agavendicksaft, Kokosflocken, Sojamargarine, Speisegelatine.

Protein-Kaiserschmarren

Zubereitungszeit: ca. 8 Minuten

Farbcode:

Zutaten für 2 Portionen:
10 Hühnereiklar
4 EL Proteinpulver (Vanille)
2 EL Hafer- oder Hirseflocken
4 EL gehackte Mandeln oder Mandelsplitter

Zubereitung:
Zuerst eine Pfanne ohne Fett aufsetzen und die Mandelsplitter darin rösten. Die Hühnereier trennen, das Eiklar in eine Schüssel geben und mit dem Proteinpulver und den Getreideflocken schaumig schlagen.

Die Mandelsplitter aus der Pfanne nehmen und den Eiklarschnee darin kurz braten, bis die Eiklarmasse fest wird.

Den Kaiserschmarren auf dem Teller anrichten und mit den gerösteten Mandelsplittern bestreuen.

Hühnereiklar wird aufgrund seiner weißen Farbe nach dem Garen auch meist als Eiweiß bezeichnet. Das Eiklar enthält 11 g Eiweiß pro 100 g. Zudem enthält es Vitamine B_1, B_2 und Vitamin C, welche den Eiweißstoffwechsel im Körper ankurbeln. Dazu zählen neben der Neubildung von Muskelgewebe auch das Binde- und Knorpelgewebe.

Nährwerte pro Portion (ca. 210 g):

Kalorien:	324 kcal
Protein:	43 g
Kohlenhydrate:	11 g
Fette:	12 g

Fruchtige Frischkäsecreme mit Proteinriegel

Zubereitungszeit: ca. 10 Minuten

Farbcode: ● ●

Zutaten für 2 Portionen:
50 g Schmand (24 % Fett absolut)
200 g Magerquark
3 EL Proteinpulver (Vanille)
100 ml Wasser
100 g Ananasstücke (Dose)
2 Kiwis
2 süße Äpfel
2 Protein- oder Low Carb-Riegel (á 35 g)

Zubereitung:
In einer Schüssel den Schmand, den Magerquark, das Proteinpulver mit dem Wasser cremig rühren. Die Ananasstücke auf ein Sieb geben und abtropfen lassen. Die Kiwis und die Äpfel waschen, schälen und in mundgerechte Stücke schneiden.

Die Riegel in der Mitte halbieren und in feine Würfel schneiden. Das ganze Obst und die klein gewürfelten Riegel zur Frischkäsecreme hinzugeben und vorsichtig miteinander vermischen. Das Ganze portionsweise auf dem Teller anrichten und servieren.

Nährwerte pro Portion (ca. 430 g):

Kalorien:	406 kcal
Proteine:	39 g
Kohlenhydrate:	40 g
Fette:	10 g

ℹ Schmand ist eine durch Milchsäurebakterien gesäuerte Sahne mit löffelfester Konsistenz. Generell gibt es zwei Arten, wie der Fettgehalt von Milchprodukten angegeben wird: Fett in Trockenmasse (Fett i.Tr.) und Fett absolut. Letztere Bezeichnung gibt den tatsächlichen Fettgehalt pro 100 g an. So bedeutet 24 % Fett absolut = 24 g Fett pro 100 g. Dagegen zeigt die Bezeichnung z.B. 45 % Fett i.Tr., wie viel Fett in der Masse übrig bleibt, wenn das Wasser entzogen wird. So enthält der Käse im Beispiel dann nicht 45 g Fett, sondern etwa 27 bis 30 g Fett pro 100 g.

Saftiges Käse-Omelett mit Gemüseraspeln

Zubereitungszeit: ca. 10 Minuten

Farbcode: ●●

Zutaten für 2 Portionen:
2 Karotten
300 g Knollensellerie
2 Stangen Frühlingszwiebeln oder Zwiebeln
150 g Hüttenkäse oder Frischkäse
6 EL Obstessig

Für das Omelett:
3 Hühnereier
6 EL Milch (1,5 % Fett)
2 EL geriebener Käse (Emmentaler 45 % Fett i.Tr.)
1 TL tiefgefrorene Kräutermischung
2 TL Olivenöl

Gewürze:
Salz, weißer Pfeffer, Paprika rosenscharf, Cayennepfeffer

Zubereitung:
Die Karotten, den Knollensellerie und die Frühlingszwiebeln waschen. Die Frühlingszwiebeln klein schneiden. Die Karotten und den Sellerie schälen und mit einer Küchenreibe klein raspeln. Alles in eine Schüssel geben und mit Hüttenkäse und dem Obstessig vermengen und würzen.

Die Hühnereier mit der Milch, dem geriebenen Käse und den tiefgefrorenen Kräutern in einer Schüssel schaumig schlagen.

Die Käse-Omelettmasse in einer heißen Pfanne mit dem Olivenöl von einer Seite goldgelb braten und die andere Seite mit einem Holzlöffel vorsichtig verrühren bis die Masse fest wird. Die Gemüseraspeln auf das Omelett in der Pfanne verteilen, zur Mitte hin zusammenklappen und heiß servieren.

ℹ Die würzige Sellerieknolle wird gerne als Suppengemüse oder für Rohkostsalate verwendet und verfügt über einen sehr hohen Kalium-, Eisen-, Zink- und Kupfergehalt.

Nährwerte pro Portion (ca. 600 g):

Kalorien:	344 kcal
Proteine:	26 g
Kohlenhydrate:	15 g
Fette:	20 g

Blaubeer-Joghurtkaltschale mit Vanillegeschmack

Zubereitungszeit: ca. 5 Minuten

Farbcode: ● ●

Zutaten für 2 Portionen:
200 g frische oder tiefgefrorene Blaubeeren
200 ml Mineralwasser
4 EL Proteinpulver (Vanille)
400 g Naturjoghurt (1,5 % Fett)
1/2 Zitrone

Zubereitung:
Die Blaubeeren waschen, auf ein Sieb abtropfen lassen und zwei Esslöffel Blaubeeren für die Einlage zur Seite legen. Die restlichen Blaubeeren mit dem Mineralwasser und dem Proteinpulver in einem Mixer pürieren. Danach den Joghurt und den Saft einer halben Zitrone hinzugeben und nochmals mixen.

Die Blaubeer-Joghurtkaltschale in Schälchen oder Saftgläsern abfüllen und mit den restlichen Blaubeeren bestreuen.

Je nach Belieben können auch andere Geschmacksrichtungen beim Proteinpulver verwendet werden.

Nährwerte pro Portion (ca. 400 g):

Kalorien:	258 kcal
Proteine:	32 g
Kohlenhydrate:	19 g
Fette:	6 g

ℹ Freie Radikale sind hochreaktiven Moleküle. Diese entstehen bei Überanstrengung (z.B. Sport), Stress, Umwelteinflüsse und beschädigen dauerhaft die Zellen von z.B. Blutgefäßen, Sehnen, Haut, Organen und Muskeln. Blaubeeren enthalten Anthocyane, ein sekundärer Pflanzenstoff. Diese effektiven „Radikalfänger" schützen unsere Zellen vor Angriffen der freien Radikale.

Proteinreiche Haferpfannkuchen mit warmem Apfelmus

Zubereitungszeit: ca. 10 Minuten **Farbcode:**

Zutaten für 2 Portionen:
450 g süße Äpfel
1/2 Zitrone
1 Messerspitze Zimt
200 g Magerquark

Für die Pfannkuchen:
2 Hühnereier
150 ml Milch (1,5 % Fett)
2 EL zarte Haferflocken
4 EL Proteinpulver (Vanille)
1 EL Rapsöl

Zubereitung:
Die Äpfel waschen, schälen und mit einer Küchenreibe klein raspeln. Die Äpfel in einen Kochtopf geben und mit dem Saft einer halben Zitrone und dem Zimt verrühren. Das Ganze zum Kochen bringen und etwa 2 Minuten unter ständigem Rühren kochen lassen.

Inzwischen Hühnereier, Milch, Haferflocken und das Proteinpulver mit einem Handrührgerät in einer Schüssel schaumig rühren. In einer heißen Pfanne die Haferpfannkuchen mit Rapsöl dünn ausbacken, so dass sechs kleine Pfannkuchen entstehen.

Danach die warmen Pfannkuchen mit dem Magerquark und dem Apfelmus bestreichen und servieren.

Der insulinähnliche Wirkstoff MHCP (Methylhydroxy-Chalcone-Polymer) ist im Zimt in größeren Mengen enthalten. Dieser senkt den Blutzuckerspiegel. Zusätzlich wirkt sich MHCP positiv auf die Fett- und Cholesterinkonzentrationen im Blut aus. Vorsicht: Cassia-Zimt enthält Cumarin, was in hohen Konzentrationen zu Kopfschmerzen, Schwindel, sogar Leberschäden, Koma und Atemstillstand führen kann! Tipp: Bevorzugen Sie Ceylon-Zimt. Er schmeckt weniger intensiv und die Zimtstangen sind im Querschnitt aus mehreren Rindenlagen zu einer Zimtstange zusammengerollt.

Nährwerte pro Portion (ca. 350 g):

Kalorien:	402 kcal
Proteine:	43 g
Kohlenhydrate:	35 g
Fette:	10 g

Low Carb-Partybrötchen mit Sesam und Käse

Zubereitungszeit: ca. 8 Minuten (ohne Backzeit)

Farbcode: 🔵🟢

Nährwerte pro Brötchen (ca. 35 g):

Kalorien:	152 kcal
Proteine:	6 g
Kohlenhydrate:	5 g
Fette:	12 g

Zutaten für 18 bis 20 kleine Partybrötchen:
150 g Magerquark
100 ml Wasser
4 EL Rapsöl
1/2 TL Jodsalz
100 g geriebener Käse (45 % Fett i.Tr.)
200 g gemahlene Mandeln
50 g Weizenmehl Typ 1050 oder Vollkornmehl
90 g zarte Haferflocken
1 Packung Backpulver
2 EL Milch (1,5 % Fett)
20 g Sesamsamen oder Blaumohn

Zubereitung:
Zuerst den Backofen auf 200 Grad Umluft vorheizen. Den Magerquark mit dem Wasser, dem Rapsöl, dem Salz und dem geriebenen Käse cremig rühren. Die gemahlenen Mandeln, das Weizen- bzw. Vollkornmehl, die Haferflocken und das Backpulver zur Quarkmasse hinzugeben.

Alles miteinander gut verkneten und anschließend den Teig mit den Händen zu kleinen Bällchen formen. Die Bällchen auf ein mit Backpapier belegtes Backblech legen und die Oberfläche der Brötchen mit dem Backpinsel mit etwas Milch bestreichen und die Sesamsamen oder den Blaumohn darüberstreuen.

Im vorgeheizten Backofen bei 200 Grad Umluft etwa 20–25 Minuten fertig backen. Danach aus dem Ofen nehmen und 30 Minuten abkühlen lassen.

ℹ Die Typisierung von Weizenmehl bezieht sich auf den Ausmahlungsgrad (Ausbeute) des Weizen- bzw. Getreidekorns. Je niedriger die Typenzahl, desto geringer ist der Anteil an Vitaminen, Mineralstoffen und Ballaststoffen. Die angegebene Zahl gibt an, wie viel Asche (verbrannte Mineralien) übrig bleibt, wenn 100 g des Mehls verbrannt werden (Weizenmehl 1050 = 1050 mg Mineralstoffgehalt pro 100 g).

Avocadoaufstrich für Low Carb-Partybrötchen und Knäckebrot

Zubereitungszeit: ca. 6 Minuten

Farbcode: ●●

Zutaten für 2 Portionen:
1 Bund Schnittlauch
1/2 reife Avocado
300 g Magerquark
50 ml Wasser
1/2 Zitrone

Gewürze: Jodsalz, bunter Pfeffer, Paprika edelsüß

Zubereitung:
Den Schnittlauch waschen und klein schneiden. Die Avocado waschen, halbieren und den Stein vom Fruchtfleisch entfernen. Das Fruchtfleisch der einen Avocadohälfte mit einem Esslöffel herauskratzen und mit der Gabel in einer Schüssel zerdrücken. Das Avocadomus mit dem Magerquark, dem Wasser und dem Saft einer halben Zitrone cremig rühren.

Mit den Gewürzen abschmecken und den Schnittlauch unterrühren. Den Avocadoaufstrich mit den Low Carb-Partybrötchen oder Knäckebrot servieren.

ℹ Die Avocado hat aufgrund ihrer Inhaltsstoffe (z.B. Biotin, Folsäure, Kupfer, Zink) und deren Fette (z.B. Palmitinsäure) großen Einfluss auf Haut und Haare. Deshalb wird es gerne zur äußeren Körperpflege wie Gesichtsmaske und Haargel verwendet. Aber auch die Zufuhr über die Nahrung wirkt rissiger und trockener Haut sowie mattem Haar entgegen.

Nährwerte pro Portion (ca. 230 g):

Kalorien:	237 kcal
Proteine:	22 g
Kohlenhydrate:	8 g
Fette:	13 g

Proteinriegel mit Erdnüssen und Haferflocken

Zubereitungszeit: ca. 6 Minuten (ohne Backzeit)

Farbcode:

Zutaten für 12 kleine Riegel:
5 EL zarte Haferflocken
4 EL Proteinpulver (Vanille)
100 g ungesalzene oder gesalzene Erdnüsse
1 TL Agavendicksaft
100 ml Wasser

Zubereitung:
In einer Schüssel die Haferflocken mit dem Proteinpulver vermengen. Die Erdnüsse auf einen Sieb geben und unter fließendem Wasser waschen und mit Küchenpapier trocken tupfen (nur die gesalzenen). Dann die Erdnüsse in einer Pfanne kurz rösten und den Honig hinzugeben. Den Honig zum Schmelzen bringen und mit den Erdnüssen gut vermischen. Die leicht gesüßten Erdnüsse zur Hafer-Proteinmischung hinzugeben und gut miteinander vermengen. Das Wasser hinzufügen und gut vermischen, so dass der Riegelteig eine feuchte feste Masse ergibt.

Anschließend die gesamte Masse auf ein mit Backpapier belegtes Backblech geben und zu einem 1 cm hohen Rechteck verteilen. Der Riegelteig lässt sich mit einer mit Wasser leicht angefeuchteten Küchenpalette oder einem Pfannenwender gut auf dem Backblech verteilen.

Das Backblech mit der Getreidemasse etwa 15 bis 20 Minuten bei 175 Grad Umluft im vorgeheizten Backofen backen. Nach Ende der Backzeit das geformte Rechteck vorsichtig vom Backblech lösen und zu mundgerechten Riegeln schneiden und auskühlen lassen.

Nährwerte pro Riegel (ca. 20 g):

Kalorien:	72 kcal
Proteine:	5 g
Kohlenhydrate:	4 g
Fette:	4 g

Hafer enthält wertvolle Inhaltsstoffe wie z.B. Vitamin B_1, B_2, B_6, Folsäure und die Kieselsäure. Die B-Vitamine treiben im Training den Energie- und Fettstoffwechsel an. Die Kieselsäure dagegen besteht über 90 % aus Silicium und bewirkt im Körper eine bessere Vernetzung der Eiweißstruktur, was gleichzeitig zu einer besseren Wasserbindung im Unterhautgewebe (Gewebestraffung) führt.

Scharfes Kohlrabi-Cremesüppchen mit Shrimps

Zubereitungszeit: ca. 10 Minuten

Farbcode:

Zutaten für 2 Portionen:
600 g Kohlrabi
1/2 Bund Dill oder Petersilie
1 EL Rapsöl
125 g tiefgefrorene Shrimps oder Garnelen
600 ml Gemüsebrühe
150 g saure Sahne (10 % Fett)

Gewürze: Jodsalz, Muskat, schwarzer Pfeffer, Chilipulver

Zubereitung:
Zuerst den Wasserkocher mit heißem Wasser für die Gemüsebrühe aufsetzen und zum Kochen bringen. Inzwischen den Kohlrabi schälen, waschen und in sehr feine Stücke schneiden (dadurch verkürzt sich die Garzeit des Kohlrabis). Den Dill oder die Petersilie waschen und klein schneiden.

Das Rapsöl in einem Kochtopf erhitzen und zuerst die aufgetauten Shrimps etwa 1 bis 1,5 Minuten darin dünsten. Anschließend die gegarten Shrimps aus dem Kochtopf nehmen und den Kohlrabi darin dünsten. Danach das heiße Wasser mit der Gemüsebrühe (Menge laut Zubereitung auf Packungsaufschrift) zum Kohlrabi hinzugeben und zum Kochen bringen.

Das Ganze etwa 5 Minuten kochen und anschließend das Kohlrabigemüse mit einem Pürierstab oder im Mixer klein pürieren. Die gebratenen Shrimps hinzugeben, würzen und kurz kochen lassen. Die Suppe vom Kochherd ziehen und die saure Sahne sowie die Kräuter unterrühren und servieren.

Wer beim Konsum von Milch- und Milchprodukten mit den Symptomen wie Blähungen, Durchfall und Bauchkrämpfe reagiert, könnte unter einer Milchzuckerunverträglichkeit (Laktoseintoleranz) bzw. an einem Enzymmangel (Laktasemangel) leiden. In der laktosearmen Ernährung haben sich fermentierte Milchprodukte (z.B. saure Sahne, Joghurt, Dickmilch, Kefir) beliebt gemacht, weil die darin enthaltenen Milchsäurebakterien den Milchzucker in Milchsäure umwandeln. Deshalb werden diese Milchprodukte von Menschen mit einer Laktoseintoleranz meist gut in der Ernährung vertragen.

Nährwerte pro Portion (ca. 420 g):

Kalorien:	286 kcal
Proteine:	25 g
Kohlenhydrate:	15 g
Fette:	14 g

Quarkauflauf mit Früchten

Zubereitungszeit: ca. 6 Minuten (ohne Backzeit)

Farbcode:

Nährwerte pro Portion (ca. 300 g):

Kalorien:	314 kcal
Proteine:	36 g
Kohlenhydrate:	29 g
Fette:	6 g

Zutaten für 2 Portionen:

350 g Nektarinen oder ungezuckerte Pfirsiche aus der Dose
1 Hühnerei
3 EL Proteinpulver (Vanille)
50 ml Milch (1,5 % Fett)
250 g Magerquark
1/2 EL Sojamargarine für die Auflaufform

Zubereitung:

Die Nektarinen waschen, entkernen oder die Pfirsiche aus der Dose auf ein Sieb geben und abtropfen lassen. Anschließend das Obst in feine Würfel schneiden.

In einer Schüssel das Hühnerei, das Proteinpulver und die Milch schaumig schlagen. Den Magerquark und das Obst hinzufügen und gut verrühren. Die Protein-Quarkmasse in eine flache gefettete Auflaufform geben und im vorgeheizten Backofen bei 200 Grad Umluft etwa 10 bis 15 Minuten fertig backen.

Sojamargarine wird aus der Sojabohne gewonnen. Sie weist ein gutes Fettsäuremuster (Omega-6 zu Omega-3-Fettverhältnis) auf und gilt als schnellverdauliches Fett für den Körper. Zudem werden die Insulinempfindlichkeit gesteigert und die Blutfettwerte verbessert. Sojamargarine eignet sich für Milcheiweißallergiker bzw. bei Laktoseintoleranz.

Hähnchenbrustfiletstreifen alla Caprese

Zubereitungszeit: ca. 10 Minuten (ohne Backzeit)

Zutaten für 2 Portionen:
1 EL Olivenöl
2 Hähnchenbrustfilets
4 Tomaten
1 große Zwiebel
125 g Mozzarella
1/2 Bund Basilikum
250 g passierte Tomaten
4 EL Balsamico-Essig

Gewürze: Jodsalz, Muskat, schwarzer Pfeffer, Curry oder Kurkuma, Chilipulver

Zubereitung:
In einer Pfanne das Olivenöl erhitzen. Danach die Hähnchenbrustfilets längs halbieren und in sehr dünne feine Streifen schneiden. Die Hähnchenbruststreifen im heißen Olivenöl braten, dort mit Salz und Pfeffer würzen.

Inzwischen die Tomaten waschen, Stielansatz entfernen und in kleine Würfel schneiden. Die Zwiebel schälen und waschen. Dann die Zwiebel und den Mozzarella in feine Würfel schneiden. Den Basilikum waschen und klein hacken. Danach die Tomaten, die Zwiebeln und den Basilikum zu den Hähnchenbruststreifen hinzugeben und weitere 2 Minuten kurz mitdünsten. Mit den passierten Tomaten auffüllen, würzen und zum Kochen bringen.

Das Ganze in eine Auflaufform geben und mit Mozzarella bestreuen. Im vorgeheizten Backofen bei 185 Grad Umluft (mit Grill) etwa 8 Minuten überbacken. Anschließend aus dem Backofen nehmen und mit dem Balsamico beträufeln.

ℹ Mozzarella ist ursprünglich ein italienischer Käse, der aus Büffelmilch hergestellt wird. Heute wird Mozzarella überwiegend aus Kuhmilch hergestellt. Dabei wird die Milch mit Pilz-, Hefe- und Bakterienstämmen versetzt und etwa vier Stunden bei 35 Grad stehen gelassen. Anschließend wird die dickgelegte Milch aus dem Käsewasser (Molke) gehoben, mit heißem Wasser überbrüht und solange geknetet, bis die Käsemasse als Kugel formbar ist. Aufgrund seiner Herstellung sowie Reifezeit (etwa zwei bis drei Tage) gehört Mozzarella zu den laktosearmen Frischkäsesorten (0,1–3 g pro 100 g).

Nährwerte pro Portion (ca. 580 g):

Kalorien:	458 kcal
Proteine:	40 g
Kohlenhydrate:	7 g
Fette:	30 g

Scampis in fruchtiger Limettensoße

Zubereitungszeit: ca. 12 Minuten

Farbcode:

Zutaten für 2 Portionen:
1 süßer Apfel
1 gelbe Kakifrucht
1 Bio-Limette oder Bio-Zitrone
2 Stangen Frühlingszwiebeln
1 Bund Dill
1 Knoblauchzehe
1 EL Olivenöl
300 g tiefgefrorene Scampi (ohne Schale)
100 ml trockener Weißwein
1 TL Gemüsebrühe
200 g Magerquark

Gewürze: Jodsalz, schwarzer Pfeffer, Curry

Zubereitung:
Den Apfel waschen, entkernen und in kleine Stücke schneiden. Die Kakifrucht waschen, schälen und klein würfeln. Mit der Küchenreibe die Schale der Zitrone bzw. Limette abreiben. Die Frühlingszwiebeln und den Dill waschen und klein schneiden. Den Knoblauch schälen und in feine Würfel schneiden.

Danach das Olivenöl in der Pfanne erhitzen und die aufgetauten Scampis und den Knoblauch darin kurz braten. Dann die Äpfel, die Kakifrucht und die Frühlingszwiebeln hinzugeben, würzen und 2 Minuten dünsten. Mit dem Weißwein auffüllen und die Gemüsebrühe sowie die geriebene Limettenschale hinzugeben und alles etwa 5 Minuten kochen lassen.

Zum Schluss die Pfanne vom Kochherd stellen und den Magerquark, den Dill und den Saft einer Limette oder Zitrone und die abgeriebene Limettenschale unterrühren. Auf einem Teller anrichten und servieren.

Nährwerte pro Portion (ca. 410 g):

Kalorien:	423 kcal
Proteine:	38 g
Kohlenhydrate:	34 g
Fette:	15 g

Die exotische Kakifrucht kommt aus Asien und sieht aus wie eine orangefarbige Tomate. Die äußere Schale ist glatt und glänzend und enthält einen hohen Anteil des pflanzlichen Farbstoffs Beta-Carotin. Ein Teil des Farbstoffs wird im Körper zu Vitamin A umgewandelt und schützt die Haut und die Schleimhäute vor Krankheiten bzw. Infektionen. Die Kakifrucht gibt es fast in allen Supermärkten.

Frischkäse mit Basilikum-Pesto und gerösteten Sojakernen

Zubereitungszeit: ca. 6 Minuten

Farbcode: ●●

Zutaten für ein Glas (ca. 200 g):
1/2 Bund frischer Basilikum
40 g Soja- oder Pinienkerne
1 Knoblauchzehe
125 ml Walnussöl
1 Messerspitze Jodsalz
1 Messerspitze schwarzen Pfeffer
20 g geriebener Parmesan

Frischkäsezubereitung:
250 g Magerquark
50 g saure Sahne
1 EL Basilikum-Pesto
50 ml Wasser

400 g diverses Gemüse (Kirschtomaten, Gurken, Möhren, Paprika, Sellerie)

Zubereitung:
Den frischen Basilikum waschen und mit den Händen klein rupfen. Die Pinien- oder Sojakerne in einer Pfanne ohne Fett rösten. Den Knoblauch schälen, waschen und in Scheiben schneiden. Alle Zutaten in einen Mixer geben und mit dem Walnussöl, dem Meersalz, dem Pfeffer und dem geriebenen Parmesan pürieren.

Einen Esslöffel Basilikum-Pesto für die Frischkäsezubereitung wegnehmen und den Rest in die Einmachgläser abfüllen, gut verschließen und im Kühlschrank kalt stellen. In einer Schüssel den Magerquark, die saure Sahne mit dem Esslöffel Basilikum-Pesto und dem Wasser sämig rühren. Das Ganze in eine Schale geben und mit einem großen Teller Gemüsescheiben oder -sticks servieren.

Das Basilikum-Pesto ist ca. 8 Wochen haltbar.

ℹ Walnussöl (guter Omega-3-Fettlieferant) ist ein sehr hochwertiges Speiseöl und sollte in der kalten Küche nicht fehlen. Man bekommt es in allen Naturkostläden oder Supermärkten mit Biolebensmitteln. Walnussöl versorgt unseren Körper mit Omega-3-Fettsäuren. Diese Fettsäure ist gegenüber Licht und Hitze sehr empfindlich und sollte deshalb dunkel aufbewahrt und nicht erhitzt werden.

Nährwerte für Basilikum-Pesto (pro Esslöffel ca. 20 g):

Kalorien:	130 kcal
Proteine:	1 g
Kohlenhydrate:	0 g
Fette:	14 g

Nährwerte für Frischkäsezubereitung (pro Portion ca. 150 g):

Kalorien:	253 kcal
Proteine:	19 g
Kohlenhydrate:	6 g
Fette:	17 g

Knusprige Tomatenbratlinge mit kalter Spinatsoße

Zubereitungszeit: ca. 12 Minuten

Farbcode:

Nährwerte pro Portion (ca. 350 g):

Kalorien:	458 kcal
Proteine:	34 g
Kohlenhydrate:	31 g
Fette:	22 g

Zutaten für 2 Portionen:
2 Fleischtomaten
1 Hühnerei
50 ml Milch (1,5 % Fett)
50 g geriebener Parmesan
50 g zarte Haferflocken
2 EL Sojamargarine oder Sojaöl

Für die Spinatsoße:
100 g Blattspinat
1 Knoblauchzehe
200 g Frischkäse (5 % Fett)
100 g saure Sahne (10 % Fett)
3 EL Balsamico-Essig
1/2 TL Gemüsebrühe

Gewürze: Jodsalz, schwarzer Pfeffer

Zubereitung:
Für die Soße den Blattspinat waschen und einige Blätter für die Garnitur aufheben. Die restlichen Spinatblätter klein zupfen. Den Knoblauch schälen und klein hacken. Dann zuerst den Frischkäse, die saure Sahne und den Balsamico in den Mixer geben und mixen. Anschließend die Spinatblätter, die Gemüsebrühe, den Knoblauch und die Gewürze hinzugeben und nochmals mixen.

Die Fleischtomaten waschen, Stielansatz entfernen und in 2 cm dicke Scheiben schneiden (etwa acht bis zehn Scheiben).
Für die Panade das Hühnerei in eine Schüssel geben und mit der Milch und dem geriebenen Parmesan gut verrühren. Die Haferflocken in eine separate kleine Schüssel geben. Jetzt die Fleischtomaten durch die Eier-Käsemasse ziehen. Danach mit den Haferflocken panieren. Die panierten Fleischtomaten ins heiße Sojafett geben und von beiden Seiten goldbraun braten. Die Bratlinge mit Küchenpapier abtupfen und sofort mit der kalten Spinatsoße auf einem Teller anrichten und mit den zur Seite gelegten Spinatblättern garnieren.

ℹ Der Spinat zählt zum Blattgemüse. Er ist reich an Vitamin A, C, E, K und Mineralstoffen. Der Mineralstoff Eisen ist wichtig zum Sauerstofftransport und fördert daher auch den Prozess der Fettverbrennung.

Erfrischender Apfel-Grapefruitsalat

Zubereitungszeit: ca. 8 Minuten

Farbcode:

Zutaten für 2 Portionen:
50 g saure Sahne (10 % Fett)
100 g körniger Frischkäse
2 EL Proteinpulver (Vanille)
2 saure Äpfel
1 große Grapefruit (Pampelmuse)
2 EL gehackte Mandeln oder Mandelsplitter

Zubereitung:
In einer Schüssel die saure Sahne, den körnigen Frischkäse und das Proteinpulver gut vermischen. Die Äpfel waschen, entkernen und in kleine Würfel schneiden. Die Grapefruit waschen, schälen und das Fruchtfleisch filetartig mit dem Messer herausschneiden. Das Obst zur Frischkäsemasse hinzugeben und vorsichtig unterheben.

Zum Schluss mit den gehackten Mandeln bestreuen und servieren. Je nach Belieben können auch andere Geschmacksrichtungen beim Proteinpulver verwendet werden.

Die Grapefruit, auch „Pampelmuse" genannt, schmeckt leicht bitter (weißes Fruchtfleisch) bis süßlich (rötliches Fruchtfleisch). Diese Bitterstoffe dämpfen den Appetit, weil der bittere Geschmack auf der Zunge die verdauungsfördernden Prozesse (Speichel- und Magensekretion) im Körper beschleunigen und gleichzeitig das Sättigungssignal im Gehirn verstärken.

Nährwerte pro Portion (ca. 220 g):

Kalorien:	239 kcal
Proteine:	18 g
Kohlenhydrate:	26 g
Fette:	7 g

Buttermilchkaltschale mit heißen Himbeeren

Zubereitungszeit: ca. 8 Minuten

Farbcode:

Zutaten für 2 Portionen:
300 ml reine Buttermilch
4 EL Proteinpulver (Vanille)
500 g Magerquark
150 g tiefgefrorene Himbeeren
2 EL Kokosflocken

Zubereitung:
In einem Mixer zuerst die Buttermilch mit dem Proteinpulver verrühren. Danach den Magerquark hinzugeben und mixen. Die Kokosflocken in einer Pfanne ohne Fett rösten. Die tiefgefrorenen Himbeeren in der Mikrowelle oder in einem Kochtopf auftauen und erhitzen.

Die Buttermilchkaltschale in kleine Dessertschalen abfüllen und die heißen Himbeeren darüber geben. Zum Schluss mit den Kokosflocken bestreuen und sofort servieren. Je nach Belieben können auch andere Geschmacksrichtungen beim Proteinpulver verwendet werden.

Nährwerte pro Portion (ca. 480 g):

Kalorien:	357 kcal
Proteine:	57 g
Kohlenhydrate:	21 g
Fette:	5 g

Die Buttermilch entsteht bei der Butterherstellung, indem die übriggebliebene Flüssigkeit zur Buttermilchherstellung verwendet wird. Buttermilch zählt zu den magersten Milchprodukten (0,5 g Fett pro 100 g). Sie zeichnet sich durch einen hohen Eiweiß- und Mineralstoffgehalt aus.

Gefrorener Himbeerkefir

Zubereitungszeit: ca. 4 Minuten (ohne Wartezeit) **Farbcode:**

Zutaten für 2 Portionen:
1 1/2 Zitronen
125 g tiefgefrorene Himbeeren
1 Packung Speisegelatine, gemahlen weiß (9 g)
300 ml Kefir (1,5 % Fett)
4 EL Proteinpulver (Vanille)

Gewürze: Koriander, Nelke

Zubereitung:
Die Zitrone mit einer Saftpresse entsaften. Die tiefgefrorenen Himbeeren mit dem Zitronensaft in einen Kochtopf geben und zum Kochen bringen. Mit etwas Koriander und Nelke würzen. Das Ganze unter ständigem Rühren etwa 2 Minuten kochen. Anschließend die Speisegelatine hinzugeben und etwa 1/2 Minute bei geringer Hitze köcheln lassen. Danach sofort in eine Glasschüssel abfüllen und im Kühlschrank kurz kalt stellen.

Inzwischen den Kefir und das Proteinpulver in einen Mixer geben und mixen. Die kaltgestellte Himbeermasse aus dem Kühlschrank nehmen und mit dem Kefirshake vorsichtig verrühren. Das Ganze im Tiefkühlschrank für etwa 3 Stunden kalt stellen. Die Glasschüssel aus dem Kühlfach holen und kurz ins heiße Wasser stellen. So lässt sich das Dessert besser von der Glasschüssel auf einen Teller stürzen.

Nährwerte pro Portion (ca. 200 g):

Kalorien:	167 kcal
Proteine:	22 g
Kohlenhydrate:	13 g
Fette:	3 g

Die im Kefir enthaltenen Hefepilze und zugesetzten Bakterien werden als Probiotika bezeichnet. Diese überleben die Gallensalze und Magensäure. Probiotikas unterstützen die Darmflora, fördern die Laktoseverdauung und unterdrücken krankheitserregende Keime im Darm.

Schafskäse im bunten Gemüse-Würfelbett

Zubereitungszeit: ca. 8 Minuten

Farbcode: 🔵 🟡

Nährwerte pro Portion (ca. 450 g):

Kalorien:	332 kcal
Proteine:	22 g
Kohlenhydrate:	16 g
Fette:	20 g

Zutaten für 2 Portionen:
1 kleine Zwiebel
1 mittelgroße Zucchini
1 rote Paprika
1 gelbe Paprika
200 g Schafs- oder Fetakäse
2 TL Tomatenmark
100 ml Wasser
1/2 Zitrone
1/2 Bund gehacktes Basilikum oder
tiefgefrorene Kräutermischung

Gewürze: Jodsalz, bunter Pfeffer

Zubereitung:
Die Zwiebel schälen, waschen und in feine Würfel schneiden. Das Gemüse waschen, die Paprika entkernen und mit dem Schafskäse zusammen in sehr kleine Würfel schneiden. Den Basilikum waschen und klein hacken.

In einer Schüssel das Tomatenmark mit dem Wasser und dem Saft einer halben Zitrone vermischen. Das Basilikum und die Zwiebel unter das Tomatenmark rühren und mit den Gewürzen abschmecken. Das Gemüse und den Schafskäse hinzugeben und nochmals mit den Gewürzen geschmacklich abrunden.

ℹ Zucchini gehört zu der Gemüsepflanze der Kürbisse und wird als grüne und gelbe längliche Frucht angeboten. Sie enthält viele Mineralstoffe wie Kalium, Mangan, Eisen und Zink, welche unser Immun- und Hormonsystem stärken. Zum Beispiel ist Zink und Mangan an der Bildung der Sexualhormone (z.B. Testosteron) im Körper beteiligt und steigert somit die Muskelregeneration und Libido.

Chili con Carne

Zubereitungszeit: ca. 10 Minuten

Farbcode: ● ●

Zutaten für 2 Portionen:
1 kleine Dose Kidneybohnen
3 bunte Paprika
1 Knoblauchzehe
1 Packung mageres Rinderhackfleisch (300 g)
100 ml lieblicher Rotwein
200 ml passierte Tomaten
2 TL Gemüsebrühe
1 TL Oregano-Gewürz
1 TL Basilikum-Gewürz

Gewürze: Jodsalz, schwarzer Pfeffer, Chilipulver, Koriander

Zubereitung:
Die Kidneybohnen auf ein Sieb geben und abtropfen lassen. Die bunten Paprika waschen, entkernen und in feine Streifen schneiden. Die Knoblauchzehe schälen und klein hacken.

In einer heißen Pfanne das Rinderhackfleisch ohne Fett etwa 3 Minuten von allen Seiten braten. Anschließend mit Rotwein ablöschen und die Kidneybohnen, die Paprika und den Knoblauch hinzugeben und kurz dünsten. Danach mit den Gewürzen scharf abschmecken und die passierten Tomaten, die Gemüsebrühe, das Oregano- und Basilikum-Gewürz unterrühren und etwa 4 Minuten mit geschlossenem Deckel kochen.

Zum Schluss auf einem Suppenteller anrichten und servieren.

ℹ Rinderhackfleisch wird aus vielen Teilstücken vom Rind gewonnen, insbesondere aus der Keule und Schulter. Es enthält einen Fettanteil von 6–20 % und eignet sich gut für die Zubereitung für Lasagne, Bolognese, Frikadellen und Chili con Carne. Sie bekommen es an der Kühltruhe oder Fleischtheke im Supermarkt. Aufgrund der Verarbeitung ist es nur für einige Stunden haltbar. Tipp: Eingefrorenes mageres Hackfleisch hält sich bis zu 3 Monaten.

Nährwerte pro Portion (ca. 490 g):

Kalorien:	426 kcal
Proteine:	39 g
Kohlenhydrate:	18 g
Fette:	22 g

Sie sind viel unterwegs? Haben am Tag wenig Zeit, sich Gedanken über die Ernährung zu machen? Sie können Ihre Essenspausen kaum planen und stehen daher unter Zeitdruck? Hier sind einige fettverbrennende Lösungsvorschläge für Sie:

Der Supermarkt – Ihr Jagd- und Sammelrevier
Den Supermarkt gibt es an jeder Ecke. Reichhaltige Auswahl. Doch leider eignet sich dieser nicht besonders zur fettverbrennenden, gesunden Ernährung für „schnell mal zwischendurch". Hier ist Ihr „Überlebensplan". Und: damit Sie permanent Einsatzbereit sind, sollten Sie ein kleines „Überlebenspaket" im Auto oder in einer kleinen Tasche mit sich führen:

Scharfes Messer, Gabel, Löffel, Servietten,
kleine verschließbare Schüssel, (Papp-)Teller,
kleine Mülltüten, Dosenöffner, Gewürze nach Geschmack,
Erfrischungstücher zum Hände reinigen,
evtl. Balsamico-/Öl-Mischung in einer kleinen Flasche.

Elf schnelle Möglichkeiten bietet der Supermarkt:

Obstsalat mit Magerquark oder Naturjoghurt
Farbcode: ● ●
Zubereitung: Quark (evtl. mit etwas Wasser) in der Schüssel verrühren oder Joghurt (bis 1,5 % Fett) in eine Schüssel geben,1 Stück Obst (z.B. Apfel) mit Serviette sauber reiben, dann klein schneiden und vermengen.

Gemüse mit Kräuterquark
Farbcode: ● ●
Zubereitung: Gemüse (z.B. Paprika, Tomate, Zucchini) mit Serviette sauber reiben, dann in kleine Sticks schneiden und im Quark dippen. Aufgrund des besonders geringen Kohlenhydratgehalts kann auch der fettreiche Kräuterquark verwendet werden!

Eine Handvoll Nüsse/Nussmischung
Farbcode je nach Nussart: ● ● ● ●
z.B. Walnüsse, Haselnüsse, Erdnüsse, Pistazien, Mandeln etc. Achtung: Kein Studentenfutter, weil Rosinen viel Zucker enthalten!

Linsen- oder Bohnensuppe mit magerer Fleischeinlage
Farbcode: ● ● (ohne Würstchen: + ●)
Zubereitung/Voraussetzung: Mikrowelle am Arbeitsplatz.

Naturjoghurt mit Nüssen
Farbcode: 🔴 🟢
Zubereitung: ganze oder gehackte Nüsse in den Joghurt einrühren, evtl. einen halben Teelöffel Honig dazu.

Fertigsalat und Putenaufschnitt oder Feta-Käse
Farbcode: 🔵 🟡 🟢
Zubereitung: Putenaufschnitt in kleine Streifen oder den Feta in kleine Würfel schneiden, dann in den Fertigsalat (Blattsalate und gemischte Blattsalate fertig abgepackt in der Tüte) geben. Die Balsamico-/Öl-Mischung darüber geben.

Käse und Wurst
Farbcode: 🔵 🟡 🟢
Käse und Wurst können auch direkt als Snack genossen werden. Ohne Brot und zuckerhaltige Getränke!

Frischkäse-Gurkenscheiben
Farbcode: 🔵 🟢
Zubereitung: eine kleine Gurke in 1–2 cm dicke Scheiben schneiden, dann dick mit Frischkäse bestreichen, evtl. mit Gewürzen zusätzlich abschmecken.

Anti-Pasti
Farbcode: 🔵 🟡 🟢
Eingelegtes Gemüse wie Aubergine, Zucchini, Tomaten, Pilze, Oliven mit oder ohne Frischkäse. Das in Öl eingelegte Anti-Pasti abtropfen lassen. Dann direkt aus der Verpackung genießen.

Tomate-Mozzarella-Salat
Farbcode: 🔵 🟢
Zubereitung: Tomaten mit Serviette sauber reiben, dann in Scheiben schneiden, Mozzarella (keinen Mozzarella Light – er ist zu weich in der Konsistenz!) in dicke Scheiben schneiden. Auf eine Mozzarella-Scheibe eine Tomatenscheibe auflegen, evtl. mit Gewürz abschmecken.

Käse- bzw. Putenwurströllchen mit Hüttenkäse
Farbcode: 🔵 🟢
Zubereitung: Hüttenkäse (oder körniger Frischkäse) in einer Schüssel mit beliebiger Salat-Würzmischung (oder nur Gewürze) kräftig mit einer Gabel vermischen. Putenbrust oder Käsescheiben einzeln auf einen Teller legen. Mit der Gabel die Mischung auf der einen Hälfte verteilen, dann einrollen. Evtl. zwischen Käse bzw. Putenwurst und Mischung gewaschene Salatblätter legen.

Zugegeben: keine kulinarischen Köstlichkeiten. Dafür aber besonders schnelle, preiswerte, gesunde, fettverbrennende Snacks, welche Sie überall(!) bekommen. Genießen Sie Ihren Erfolg und den besiegten Hunger mit bestem Gewissen!

Auswärts essen gehen – Restaurants und der Schnellimbiss

Wenn Sie in Restaurants oder ab und zu auch im Schnellimbiss essen müssen oder möchten, sollten Sie auf Gerichte zurückgreifen, welche möglichst wenige Kohlenhydrate beinhalten. Damit Sie mehr Fett verbrennen. Denn: auch wenn die Gerichte etwas mehr Fett beinhalten, so wird Ihr Körper besser lernen, diese „Briketts" auch wieder richtig zu verbrennen, solange er zeitgleich nicht auf leicht brennbares „Papier" zurückgreifen kann.

Beachten Sie bitte:
Die Farbcodierung ist aufgrund der unterschiedlichen Zubereitungen nicht möglich. Dennoch sind diese ausgesuchten Gerichte mit großer Wahrscheinlichkeit eindeutig kohlenhydratreduziert und damit fettverbrennend!

Folgende Gerichte auf der Speisekarte unterstützen Ihre Fettverbrennung:

Salate in allen Variationen
Neben Blattsalaten in allen Variationen können diese auch mit Eiern, Thunfisch, Schinken, Käse, Tofu, Weizenkeimen, Sprossen, Nüssen, Lachs und Meeresfrüchten genossen werden. Achten Sie darauf, dass nur kleine Mengen Mais (maximal halbe Handvoll) im Salat zu finden sind. Lehnen Sie schon im Vorfeld den Brotkorb ab. Lassen Sie sich Essig und Öl extra kommen oder wünschen Sie Vinaigrette als Salatsoße aus Essig, Öl, Kräutern und etwas Senf. Viele Fertigdressings bzw. Salatsoßen sind wahre Fett- und Zuckerbomben!

Anti-Pasti-Variationen
Das sind meist würzige Gemüse-Vorspeisen, die in Öl eingelegt sind. Diese können mit Frischkäse, Schinken, Fleisch, Fisch oder Meeresfrüchten angeboten werden. Lecker und satt machend!

Gemüsepfannen und -aufläufe
in Kombinationen mit eiweißreichen Fleischsorten (z.B. Huhn, Rind, Kalb, Schwein, Lamm), Fischsorten (z.B. Seezunge, Seelachs, Matjes, Forelle, Hummer, Muscheln) oder eiweißreiche Hülsenfrüchte (z.B. Tofu, rote und weiße Bohnen, grüne Bohnen). Achten Sie darauf, dass diese keine Kartoffeln, Nudeln oder Reis enthalten.

Chili con Carne
Verzichten Sie auch hier unbedingt auf den Brotkorb!

Fisch, Geflügel oder Fleisch
mit viel warmer Gemüsebeilage (z.B. Broccoli, Blumenkohl, Pilze) bzw. Salat. Ohne Brot oder anderen Beilagen wie Nudeln, Reis oder Kartoffeln.

Auch der Schnellimbiss ist ab und zu als „Notlösung“ geeignet

Dönerteller ohne Brot oder auch vegetarischen Döner
Mit viel Gemüsesalat und Schafskäse. Wenn der Döner mitgenommen wird, entweder im dünnen Falaffelteig (Teig aus Kichererbsen) oder am Besten in der Alufolie – das Fleisch und Gemüse kann dann auf dem mitgeführten Teller genossen werden. Fragen Sie nach der Zusammensetzung der Soßen und wählen Sie ohne Mayonnaise aus.

Wurst- und Fleischgerichte
Rinds-, Bockwurst, Wiener Würstchen, Curry-Wurst, Rostbratwurst, Hacksteak, Schweinesteak mit Röstzwiebeln, gegrilltes oder gebackene Hähnchenteile, gegrillte Sparerips, Grillteller aus verschiedenen Fleischstücken mit Rohkostsalat (z.B. Krautsalat, Tomatensalat), Schweinegeschnetzeltes oder Gulasch, Fleischeintopf (z.B. Gulaschsuppe) ohne Brötchen und Ketchup bzw. nur wenig Senf.

Fisch- und Meeresfrüchte
Fischfrikadelle mit Röstzwiebeln, Rollmops bzw. Matjesfilet mit Gemüsesalat, Heringssalat oder Meeresfrüchtesalat, Fischstäbchen, gegrillter oder gebackener Seelachs, Tintenfischringe oder Garnelen mit wenig Remouladensoße und alles ohne Brötchen, Baguette, Kartoffeln und Reis.

Hackfleischröllchen (Cevapcici) oder Schaschlikspieße (Souvlaki) mit Zaziki und Rohkostsalat, Auflaufgerichte mit Gemüse (z.B. Mousaka) ohne Kartoffeln und Reis, gemischte Salate mit Fleisch, Käse, Nüsse, Falaffel- oder Sojabällchen, Gemüsesuppen mit Fleisch ohne Nudeln und Kartoffeln (z.B. Minestrone).

Für ganz Ehrgeizige
Die Burger vom Fast-Food-Restaurant ohne das Brot bzw. Brötchen genießen.

Achten Sie UNBEDINGT darauf, dass Sie zu den Gerichten keine Softgetränke (Cola, Limo), Bier oder Säfte trinken. Evtl. nur ein kleines Glas Wein (bestenfalls trockener Rotwein). Der Zucker in den Getränken würde bei dem teilweise hohen Fettgehalt der Gerichte diese „Briketts“ regelrecht in die Speicher hineinfluten! Und denken Sie daran: Alkohol in größeren Mengen macht die Fettverbrennung unmöglich. Genießen Sie Ihr Essen und seien Sie insbesondere danach so richtig stolz auf sich selbst. Denn genau das ist der süßeste Nachtisch, den Sie bekommen können!

Gesundes „Fast Food" und die perfekte Zutat – Nahrungsergänzungen!

Nahrungsergänzungen. Der Name sagt alles: Sie sollen die Nahrung sinnvoll *ergänzen*. Als Snack bzw. „Fettkillershake" zwischendurch, wenn es schnell und lecker sein soll. Oder als Zutat für gesunde, schlankmachende Rezepte.

Patric Heizmann greift aus langjähriger Erfahrung hauptsächlich auf zwei Produkte zurück:

1. „Fettkiller-Shake"

Proteinshakes sind kohlenhydrat- und fettarm. Sie liefern wertvolles Eiweiß für ein starkes Immunsystem, den Hormon- und Enzymbau, für straffe, gesunde Haut und Haare und kräftige Fingernägel. Zudem machen sie das Gewebe fester (essentieller Bestandteil des straffen Gewebes). Und es regeneriert in Verbindung mit einem Kräftigungstraining Ihre Muskeln – nur dort können Sie Fett verbrennen. Die Shakes sind zudem sehr bekömmlich und leicht verdaulich.

Wenn Sie an einer **Milchzuckerunverträglichkeit** leiden, sollten Sie auf **Sojaprotein** zurückgreifen. Ergänzen Sie hiermit die Rezepte mit einem gelben Punkt, in welchen der Proteinshake als Zutat auftaucht.

Diese Fettkillershakes dienen auch als schnelle, gesunde, sattmachende Komplettmahlzeit. Aufgrund des sehr geringen Kohlenhydratanteils perfekt als letzte Mahlzeit des Tages bzw. direkt nach dem Fettverbrennungstraining. Daher gehören Proteinshakes zu den wertvollsten Nahrungsergänzungen!

Achten Sie unbedingt auf eine hohe Qualität (Mehrkomponenten-Proteinshake)!

Der Proteinshake wird für die Rezepte auf folgenden Seiten benötigt: 7, 8, 10, 11, 14, 16, 18, 20, 33, 34 und 35.

2. Fitness-Riegel

Naschen ohne Reue – Süßes, das schlank hält!
Der perfekte Snack für zwischendurch, wenn der kleine Süßhunger kommt. Fitness-Riegel enthalten viel Protein bei reduziertem Fett- und Kohlenhydratanteil. So genannte „Low Carb-Riegel" liefern sogar besonders wenig verwertbare Kohlenhydrate. Das ist gut für die Fettverbrennung!

Sie erhalten Proteinshakes und Fitness-Riegel (als Protein- bzw. Low Carb-Riegel) am preiswertesten in Ihrem Fitnessstudio oder im Onlineshop unter www.patricheizmann.de.